새벽달과 현석샘이 함께하는

낭독하는 이솝우화

BOOK • 1

새벽달(남수진) • 이현석 지음 | 이솝 원작

차례

◆ **Book 1** ◆
오디오 음원 듣기

이 책은 이렇게 만들었어요!

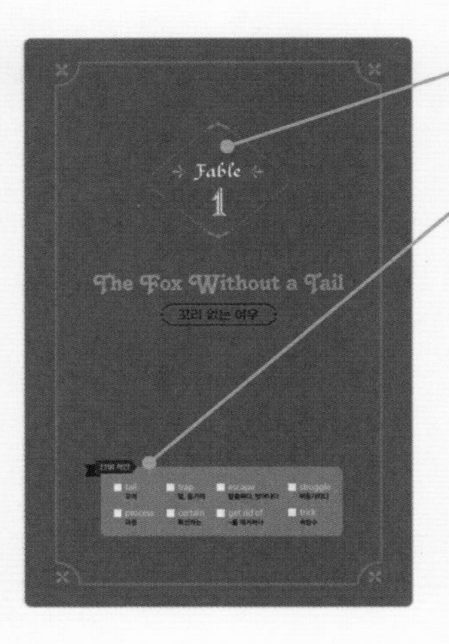

이솝우화 중 가장 널리 알려진 **우화 8개**가 이 책에 담겨 있습니다.

시작하기 전에 **핵심 단어**를 우선 점검해 보세요.

이솝우화를 **낭독에 최적화된 길이와 수준**으로 다시 썼습니다!
우화당 전체 길이는 150단어, 각 문장의 길이는 9-10단어로 맞추었습니다.

영어 수준은 **Flesch Reading Ease Scores**라는 기준을 통해 과학적으로 측정하여 **원어민 11세 수준**으로 맞추었습니다.
따라서 초보자도 쉽고 재미있게 낭독할 수 있습니다.

3 이현석 선생님의 강세와 청킹 가이드에 맞춰 더욱 유창하게 낭독해 보세요.

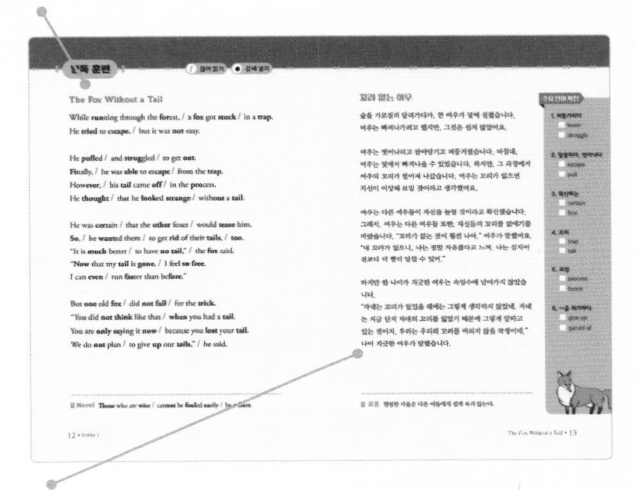

낭독 훈련 / 끊어 읽기 / 강세 넣기

The Fox Without a Tail

While **run**ning through the **for**est, / a **fox** got **stuck** / in a **trap**.
He **tried** to es**cape**, / but it was **not** easy.

He **pul**led / and **strug**gled / to get **out**.
Finally, / he was **able** to es**cape** / from the **trap**.
How**ev**er, / his **tail** came **off** / in the **pro**cess.
He **thought** / that he **looked strange** / with**out** a **tail**.

He was **cer**tain / that the **oth**er foxes / would **tease** him.
So, / he **want**ed them / to get **rid** of their **tails**, / **too**.
"It is **much** better / to have **no tail**," / the **fox** said.
"**Now** that my **tail** is **gone**, / I feel **so free**.
I can **e**ven / run **fast**er than be**fore**."

But **one** old **fox** / did **not fall** / for the **trick**.
"You did **not think** like that / **when** you had a **tail**.
You are **only saying** it **now** / because you **lost** your **tail**.
We do **not** plan / to give **up** our **tails**," / he said.

Moral **Those** who are **wise** / can**not** be **fooled eas**ily / by **oth**ers.

12 • Fable 1

꼬리 없는 여우

숲을 가로질러 달려가다가, 한 여우가 덫에 걸렸습니다.
여우는 빠져나가려고 했지만, 그것은 쉽지 않았어요.

여우는 벗어나려고 잡아당기고 버둥거렸습니다. 마침내, 여우는 덫에서 빠져나올 수 있었습니다. 하지만, 그 과정에서 여우의 꼬리가 떨어져 나갔습니다. 여우는 꼬리가 없으면 자신이 이상해 보일 것이라고 생각했어요.

여우는 다른 여우들이 자신을 놀릴 것이라고 확신했습니다. 그래서, 여우는 다른 여우들 또한, 자신들의 꼬리를 없애기를 바랐습니다. "꼬리가 없는 것이 훨씬 나아." 여우가 말했어요. "내 꼬리가 없으니, 나는 정말 자유롭다고 느껴. 나는 심지어 전보다 더 빨리 달릴 수 있어."

하지만 한 나이가 지긋한 여우는 속임수에 넘어가지 않았습니다.
"자네는 꼬리가 있었을 때에는 그렇게 생각하지 않았네. 자네는 지금 단지 자네의 꼬리를 잃었기 때문에 그렇게 말하고 있는 것이지. 우리는 우리의 꼬리를 버리지 않을 작정이네." 나이 지긋한 여우가 말했습니다.

교훈 현명한 사람은 다른 이들에게 쉽게 속지 않는다.

주요 단어 확인
1. 버둥거리다 ☐ tease ☐ struggle
2. 탈출하다, 벗어나다 ☐ escape ☐ pull
3. 확신하는 ☐ certain ☐ free
4. 꼬리 ☐ trap ☐ tail
5. 과정 ☐ process ☐ forest
6. ~을 제거하다 ☐ give up ☐ get rid of

The Fox Without a Tail • 13

번역도 확인해 보세요! 한국어 낭독을 하는 것도 좋습니다.

주제 토론

1. **The fox without his tail thought he looked strange. Have you ever thought that something about you was strange? How did you handle it?**
2. **The fox felt different without his tail. Have you ever felt different from your friends? How did it make you feel?**
3. **The old fox was wise, so he did not believe the tailless fox. Do you have a wise person in your life, like the old fox in the fable? How do they help you?**
4. **The tailless fox was worried that other foxes would tease him. Have you ever worried about being teased? What did you do to feel better?**
5. **The old fox thought the tailless fox's idea was not a good one. Has there been a time when you did not follow a friend's suggestion because it did not seem right?**

14 • Fable 1

이솝우화 내용과 교훈으로 토론할 수 있는 질문이 준비되어 있습니다. 꼭 '영어'로만 토론해야 하는 것은 아닙니다! 우리말로 토론하는 것도 문해력 향상에 큰 도움이 됩니다.

QR코드 영상을 통해 새벽달님과 이현석 선생님이 이 책을 활용하는 가장 좋은 방법을 직접 설명해 드립니다!

The Fox Without a Tail

꼬리 없는 여우

단어 확인

tail 꼬리	trap 덫, 올가미	escape 탈출하다, 벗어나다	struggle 버둥거리다
process 과정	certain 확신하는	get rid of ~을 제거하다	trick 속임수

The Fox Without a Tail

While running through the forest,
a fox got stuck in a trap.
He tried to escape, but it was not easy.
He pulled and struggled to get out.

Finally, he was able to escape from the trap.
However, his tail came off in the process.
He thought that he looked strange without a tail.

He was certain
that the other foxes would tease him.
So, he wanted them to get rid of their tails, too.
“It is much better to have no tail,” the fox said.
“Now that my tail is gone, I feel so free.
I can even run faster than before.”

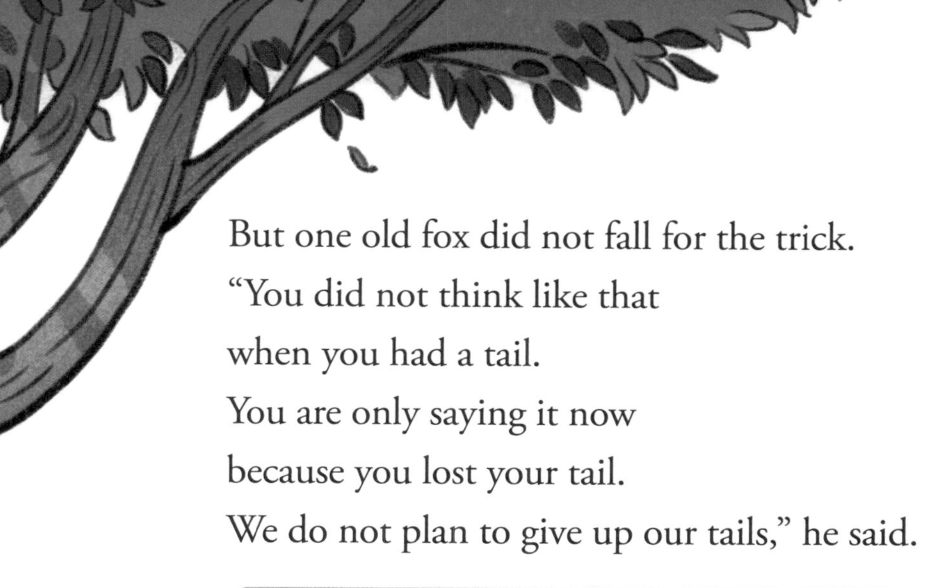

But one old fox did not fall for the trick.
"You did not think like that
when you had a tail.
You are only saying it now
because you lost your tail.
We do not plan to give up our tails," he said.

Moral Those who are wise cannot be fooled easily by others.

The Fox Without a Tail

While **run**ning through the **for**est, / a **fox** got **stuck** / in a **trap**.
He **tried** to es**cape**, / but it was **not** easy.

He **pull**ed / and **strug**gled / to get **out**.
Finally, / he was **able** to es**cape** / from the **trap**.
How**ever**, / his **tail** came **off** / in the **pro**cess.
He **thought** / that he **look**ed **strange** / with**out** a **tail**.

He was **cer**tain / that the **other** foxes / would **tease** him.
So, / he **want**ed them / to get **rid** of their **tails**, / **too**.
"It is **much** better / to have **no tail**," / the **fox** said.
"**Now** that my **tail** is **gone**, / I feel **so free**.
I can **even** / run **fas**ter than be**fore**."

But **one** old **fox** / did **not fall** / for the **trick**.
"You did **not think** like that / **when** you had a **tail**.
You are **only say**ing it **now** / because you **lost** your **tail**.
We do **not** plan / to give **up** our **tails**," / he said.

Moral **Those** who are **wise** / can**not** be **fool**ed **eas**ily / by **others**.

꼬리 없는 여우

숲을 가로질러 달려가다가, 한 여우가 덫에 걸렸습니다.
여우는 빠져나가려고 했지만, 그것은 쉽지 않았어요.

여우는 벗어나려고 잡아당기고 버둥거렸습니다. 마침내,
여우는 덫에서 빠져나올 수 있었습니다. 하지만, 그 과정에서
여우의 꼬리가 떨어져 나갔습니다. 여우는 꼬리가 없으면
자신이 이상해 보일 것이라고 생각했어요.

여우는 다른 여우들이 자신을 놀릴 것이라고 확신했습니다.
그래서, 여우는 다른 여우들 또한, 자신들의 꼬리를 없애기를
바랐습니다. "꼬리가 없는 것이 훨씬 나아." 여우가 말했어요.
"내 꼬리가 없으니, 나는 정말 자유롭다고 느껴. 나는 심지어
전보다 더 빨리 달릴 수 있어."

하지만 한 나이가 지긋한 여우는 속임수에 넘어가지 않았습
니다.
"자네는 꼬리가 있었을 때에는 그렇게 생각하지 않았네. 자네
는 지금 단지 자네의 꼬리를 잃었기 때문에 그렇게 말하고
있는 것이지. 우리는 우리의 꼬리를 버리지 않을 작정이네."
나이 지긋한 여우가 말했습니다.

교훈 현명한 자들은 다른 이들에게 쉽게 속지 않는다.

주요 단어 확인

1. 버둥거리다
   - ☐ tease
   - ☐ struggle
2. 탈출하다, 벗어나다
   - ☐ escape
   - ☐ pull
3. 확신하는
   - ☐ certain
   - ☐ free
4. 꼬리
   - ☐ trap
   - ☐ tail
5. 과정
   - ☐ process
   - ☐ forest
6. ~을 제거하다
   - ☐ give up
   - ☐ get rid of

주제 토론

1. **The fox without his tail thought he looked strange. Have you ever thought that something about you was strange? How did you handle it?**

   꼬리 없는 여우는 자신이 이상해 보인다고 생각했습니다. 여러분은 자신의 모습이 이상하다고 생각해 본 적이 있나요? 그 생각을 어떻게 다스렸나요?

2. **The fox felt different without his tail. Have you ever felt different from your friends? How did it make you feel?**

   여우는 자신의 꼬리가 없어서 다르다고 느꼈습니다. 여러분은 여러분의 친구들과 다르다고 느껴 본 적이 있나요? 그로 인한 기분은 어땠나요?

3. **The old fox was wise, so he did not believe the tailless fox. Do you have a wise person in your life, like the old fox in the fable? How do they help you?**

   나이 지긋한 여우는 현명했기 때문에, 꼬리 없는 여우의 말을 믿지 않았습니다. 이 우화의 나이 지긋한 여우처럼, 여러분의 삶에서 현명한 사람이 있나요? 그들은 여러분에게 어떻게 도움을 주나요?

4. **The tailless fox was worried that other foxes would tease him. Have you ever worried about being teased? What did you do to feel better?**

   꼬리 없는 여우는 다른 여우들이 자신을 놀릴 것을 걱정했습니다. 여러분은 놀림받는 것을 걱정해 본 적이 있나요? 기분이 나아지기 위해 무엇을 했나요?

5. **The old fox thought the tailless fox's idea was not a good one. Has there been a time when you did not follow a friend's suggestion because it did not seem right?**

   나이 지긋한 여우는 꼬리 없는 여우의 생각이 좋지 않다고 생각했습니다. 친구의 제안이 옳지 않은 것 같아서 따르지 않았던 적이 있나요?

The Shepherd Boy and the Wolf

양치기 소년과 늑대

단어 확인

- shepherd 양치기
- hate 몹시 싫어하다
- alone 혼자
- faraway 멀리 떨어진
- shout 외치다
- arrive 도착하다
- trick 속이다, 장난
- attack 공격하다

The Shepherd Boy and the Wolf

There once was a boy who took care of
his father's sheep.
He hated being all alone on a faraway hill
every day. Then one day, he thought of a way
to have some fun.
"I will shout 'Wolf!'", he thought.
"When people hear me,
they will run to protect the sheep."

So, he shouted "Wolf!"
and everyone came to help him.
When they arrived, he just said,
"Ha, ha! I tricked you. I did not really see a wolf."

He played the trick three more times.
The people came running
every time he called for help.

Then, one day the boy really did see a wolf.
"Help me!" he called.
"There is a wolf! Come quickly!"
But everyone said,
"We know that he is just calling us for fun.
We do not need to go to the hill."
So, they stayed home, and the wolf attacked.
All of the sheep were killed.

Moral If you lie to others, they will not believe you when you tell the truth.

The Shepherd Boy and the Wolf

There **once** was a **boy** / who **took care** / of his **fa**ther's **sheep**.
He **ha**ted being **all** alone / on a **far**away **hill** / every **day**.
Then **one** day / he **thought** of a **way** / to **have** some **fun**.
"I will **shout** / '**Wolf**!'", / he thought.
"When **peo**ple **hear** me, / they will **run** / to pro**tect** the **sheep**."

So, / he **shout**ed / "**Wolf**!" / and **every**one **came** / to **help** him.
When they ar**rived**, / he **just** said, / "**Ha**, ha! / I **trick**ed you.
I did **not** / **real**ly see a **wolf**."
He **play**ed the **trick** / **three** more **times**.
The **peo**ple came **run**ning / **every** time he **call**ed for **help**.

Then, / **one** day / the **boy real**ly / **did** see a **wolf**.
"**Help** me!" / he **call**ed. / "There is a **wolf**! / **Come quick**ly!"
But **every**one said, /
"We **know** / that he is **just call**ing us for **fun**.
We do **not need** to / **go** to the **hill**."
So, / they **stay**ed home, / and the **wolf** at**tack**ed.
All of the **sheep** / were **kill**ed.

Moral If you **lie** to **others**, / they will **not** be**lieve** you / when you **tell** the **truth**.

양치기 소년과 늑대

옛날에 자신의 아버지의 양을 돌보던 한 소년이 있었습니다. 소년은 매일같이 멀리 떨어진 언덕에 혼자 있는 것이 싫었습니다.

그러던 어느 날, 소년은 재미있는 일을 벌일 방법을 생각해 냈습니다. "나는 '늑대다!'라고 외칠 거야." 소년은 생각했어요. "사람들이 내 목소리를 들으면, 그들은 양을 보호하러 달려올 거야."

그래서, 소년은 "늑대다!"라고 소리쳤고 모든 사람들이 소년을 도우러 왔습니다. 사람들이 도착했을 때, 소년은 단지 이렇게 말했습니다. "하, 하! 제가 여러분을 속였어요. 제가 정말로 늑대를 본 건 아니에요." 소년은 세 번 더 장난을 쳤어요. 사람들은 소년이 도움을 요청할 때마다 달려왔습니다.

그러다가, 어느 날 소년은 정말로 늑대 한 마리를 보았습니다. "도와주세요!" 소년이 소리쳤어요. "늑대가 있어요! 빨리 와 주세요!" 하지만 모두가 말했습니다. "우리는 저 아이가 단지 재미로 우리를 부른다는 걸 알고 있어. 우리는 언덕으로 갈 필요가 없어."

그래서, 사람들은 집에 머물렀고, 늑대는 공격했습니다. 모든 양들은 죽임을 당하고 말았습니다.

교훈 다른 이들에게 거짓말을 하면, 당신이 진실을 말할 때 그들은 당신을 믿어 주지 않을 것이다.

주요 단어 확인

1. 양치기
   - ☐ shepherd
   - ☐ sheep
2. 도착하다
   - ☐ attack
   - ☐ arrive
3. 멀리 떨어진
   - ☐ all
   - ☐ faraway
4. 혼자
   - ☐ alone
   - ☐ every
5. 속이다, 장난
   - ☐ trick
   - ☐ call
6. 몹시 싫어하다
   - ☐ protect
   - ☐ hate

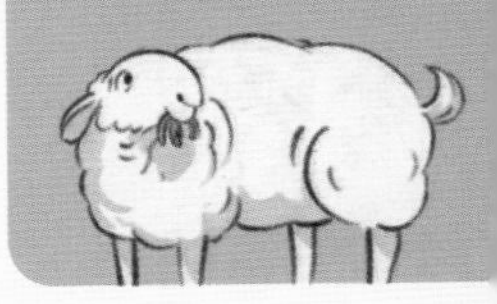

주제 토론

1. **In the fable, the boy lies many times. Have you ever told a lie to your friends or parents? How did you feel afterward?**

   우화에서, 소년은 여러 번 거짓말을 합니다. 여러분의 친구들이나 부모님에게 거짓말을 한 적이 있나요? 그 후에 기분은 어땠나요?

2. **The boy shouted "Wolf!" to get people's attention. What may be a better way to get people's attention or make friends?**

   소년은 사람들의 관심을 끌기 위해 "늑대다!"라고 외쳤습니다. 무엇이 사람들의 관심을 끌거나 친구들을 사귀기 위한 더 나은 방법이 될 수 있을까요?

3. **The boy needed help when the wolf really appeared, but no one helped him. Has there been a time when you needed help, but no one listened? How did you feel?**

   늑대가 정말로 나타났을 때 소년은 도움이 필요했지만, 아무도 그를 도와주지 않았습니다. 도움이 필요했지만, 아무도 들어주지 않았던 때가 있었나요? 기분이 어땠나요?

4. **People did not trust the boy when he spoke the truth. Has there been a time when telling the truth was hard, but you did it anyway?**

   소년이 진실을 말했을 때 사람들은 그를 믿지 않았습니다. 진실을 말하는 것이 어려웠지만, 그래도 말했던 적이 있나요?

5. **The boy wanted to have fun, but his action caused harm instead. Has there been a time when your fun action turned out to be harmful?**

   소년은 재미있는 일을 벌이고 싶었지만, 그의 행동은 오히려 피해를 주었습니다. 여러분이 재미로 한 행동이 해로운 것으로 밝혀진 적이 있었나요?

Fable 3

The Boastful Traveler

자랑하기 좋아하는 여행자

단어 확인

- boastful 뽐내는, 자랑하는
- travel 여행하다
- be interested in ~에 관심이 있다
- leave 떠나다
- contest 대회, 시합
- highest 가장 높은, 최고의
- amazing 놀라운

The Boastful Traveler

There once was a man
who traveled to a place far away.
He stayed there for one year
and then came home.

After he got back, he always talked about the place.
"We are not interested in that place," everyone said.
"We wish he would stop talking about it all the time."
They said to the man,
"You say that place was so great. Why did you leave?"
"I wanted to tell all of you about it," the man said.

He told more stories about the place.
"When I was there, we had a jumping contest.
Everyone there can jump very well.
However, I had the highest jump of all.
It's too bad that you were not with me.
You did not get to see my amazing jumping."

"We do not need to travel far to see that," said one man. "Why don't you show us your jumping right now?"

Moral People who are prideful will soon have their weaknesses shown.

The Boastful Traveler

There **once** was a **man** / who **tra**veled to a **place** / **far** a**way**.
He **stay**ed there for **one** year / and **then** came **home**.

After he got **back**, / he **al**ways **talk**ed about the **place**.
"We are **not in**terested / in that **place**," / **every**one said.
"We **wish** he would **stop** / **talk**ing about it / **all** the **time**."
They **said** to the **man**, /
"You **say** / **that place** was **so** great. / **Why** did you **leave**?"
"I **want**ed to **tell all** of you / about it," / the man said.

He **told more** stories / about the **place**.
"**When** I was **there**, / we **had** a **jump**ing **con**test.
Everyone **there** / can **jump** very **well**.
How**ever**, / **I** had the **high**est **jump** of **all**.
It's too bad / that you were **not** with me.
You did **not get** to **see** / my a**maz**ing **jump**ing."
"We do **not need** to **tra**vel **far** / to **see** that," / said one man.
"**Why** don't you / **show** us your **jump**ing / **right** now?"

Moral **Peo**ple who are **pride**ful / will **soon** have their **weak**nesses / **shown**.

자랑하기 좋아하는 여행자

옛날에 아주 먼 곳을 여행했던 한 사람이 있었습니다. 여행자는 그곳에서 일 년 동안 머무른 후에 집으로 돌아왔습니다.

여행자는 돌아온 후, 항상 그곳에 대해 이야기를 했습니다. "우리는 그곳에 관심이 없어." 모든 사람들이 말했어요. "우리는 그 사람이 시종일관 그곳에 대해서 이야기하는 것을 멈췄으면 좋겠어."
사람들은 여행자에게 말했습니다. "당신은 그곳이 아주 좋았다고 말하죠. 왜 그곳을 떠났나요?" "저는 여러분 모두에게 그곳에 대해 말해 주고 싶었어요." 여행자가 말했어요.

여행자는 그곳에 대해 더 많은 이야기를 했습니다.
"제가 그곳에 있었을 때, 우리는 높이뛰기 대회를 했어요. 그곳에 있는 모든 사람들이 아주 잘 뛸 수 있었어요. 하지만, 제가 모든 사람들 중에서 가장 높이 뛰었죠. 여러분이 저와 함께 그곳에 있지 않았다는 것이 너무 안타깝네요. 여러분은 제 놀라운 점프를 못 보셨어요."
"우리가 그걸 보기 위해서 멀리 갈 필요는 없네." 한 남자가 말했습니다. "우리에게 바로 지금 자네의 점프를 보여 주는 것이 어떻겠나?"

교훈 교만한 사람들은 곧 그들의 약점을 드러낼 것이다.

주요 단어 확인

1. 여행하다
   - travel
   - stay
2. 뽐내는, 자랑하는
   - highest
   - boastful
3. 놀라운
   - bad
   - amazing
4. 대회, 시합
   - contest
   - place
5. 떠나다
   - jump
   - leave
6. ~에 관심이 있다
   - be interested in
   - talk about

주제 토론

1. **People in the fable did not want to hear about the place far away. Has there been a time when you were not interested in what someone else was talking about? How did you respond?**

   우화 속의 사람들은 아주 먼 곳에 대해 듣기를 원하지 않았습니다. 다른 누군가의 이야기에 관심이 없었던 적이 있었나요? 그럴 때 어떻게 반응했나요?

2. **Like the man, is there a skill or talent you would like to talk about with your friends? What is it?**

   여행자와 같이, 여러분의 친구들에게 얘기하고 싶은 재주나 재능이 있나요? 그것은 무엇인가요?

3. **Do you think the man was telling the truth when he said he really had the highest jump of all? Why do you think so?**

   여행자가 자신이 정말로 모든 사람들 중에서 가장 높이 뛰었다고 말했을 때, 그가 진실을 말하고 있었다고 생각하나요? 왜 그렇게 생각하나요?

4. **The man boasted about his jumping. Have you ever been very proud of something you have done and wanted to tell others about it?**

   여행자는 자신의 점프에 대해 자랑했습니다. 여러분이 했던 일이 아주 자랑스러워서 다른 사람들에게 말하고 싶었던 적이 있었나요?

5. **What do you think the man said or did next? Why do you think so?**

   이후에 여행자가 무슨 말 혹은 무슨 행동을 했을 것이라 생각하나요? 왜 그렇게 생각하나요?

The Crow and the Fox

까마귀와 여우

단어 확인

crow 까마귀	forest 숲	delicious 아주 맛있는	treat 간식
branch 나뭇가지	delighted 아주 기뻐하는	grab 움켜잡다	gobble 게걸스럽게 먹다

The Crow and the Fox

One day, a crow found a piece of cheese
in the forest.
"This will be a delicious treat," said the crow.
"I will fly up to a tree branch and eat it."

A fox was walking along
and saw the crow and the cheese.
He was very hungry
and wanted the cheese for himself.
He tried to think of a way to get the cheese.

After a while, he said,
"You are such a beautiful bird.
I bet you have a beautiful voice as well.
It must be the best of all the birds."
The crow was delighted to hear such kind words.
"Of course I have a beautiful voice," she said.

But when she opened her mouth to talk,
the cheese fell out.
The fox grabbed the cheese from the ground
and gobbled it up.
"Your voice may be beautiful," he said.
"But you are not smart."

Moral Watch out for people who say too many kind words, as they may be lying.

The Crow and the Fox

One day, / a **crow** / **found** a **piece** of **cheese** / in the **fo**rest.
"**This** will be a de**li**cious **treat**," / said the **crow**.
"I will fly **up** / to a **tree** branch / and **eat** it."
A **fox** was walking a**long** / and **saw** the **crow** / and the **cheese**.
He was **very hun**gry / and **wan**ted the **cheese** / for him**self**.

He **tried** to **think** of a **way** / to **get** the **cheese**.
After a **while**, / he said, / "You are **such** a **beau**tiful bird.
I **bet** you have a **beau**tiful **voice** / as **well**.
It **must** be the **best** / of **all** the **birds**."
The **crow** was de**ligh**ted / to **hear** such **kind** words.
"Of **course**, / I have a **beau**tiful **voice**," / she said.
But **when** she **o**pened her **mouth** / to **talk**, / the **cheese** fell **out**.
The **fox grab**bed the **cheese** / from the **ground** / and **gob**bled it **up**.
"Your **voice** / may be **beau**tiful," / he said. / "But you are **not smart**."

Moral Watch **out** for **peo**ple / who **say** / **too** many **kind** words, / as they may be **ly**ing.

까마귀와 여우

어느 날, 까마귀 한 마리가 숲에서 치즈 한 조각을 발견했습니다. "이건 맛있는 간식이 되겠는걸." 까마귀가 말했습니다. "나는 나뭇가지에 날아 올라가서 먹어야겠다."
여우 한 마리가 걸어가다가 까마귀와 치즈를 보았습니다. 여우는 아주 배가 고팠고 자기 자신이 그 치즈를 먹고 싶었어요.

여우는 치즈를 얻을 방법을 생각해 내려고 애썼습니다. 잠시 후, 여우가 말했어요. "너는 정말 아름다운 새이구나. 너는 틀림없이 목소리도 아름다울 거야. 분명히 모든 새들 중에서 최고일 거야."
까마귀는 그렇게 친절한 말을 들으니 기뻤습니다. "물론 나는 아름다운 목소리를 가졌지." 까마귀가 말했어요.
하지만 까마귀가 말을 하기 위해 자신의 입을 연 순간, 치즈가 떨어졌습니다.
여우는 땅에서 치즈를 움켜잡고 게걸스럽게 먹어 치웠습니다. "네 목소리는 아름다울지도 모르지." 여우가 이어서 말했어요. "하지만 너는 영리하진 않아."

교훈 지나치게 친절한 말을 많이 하는 사람들을 조심하라, 그들이 거짓말을 하고 있는 것일지도 모른다.

주요 단어 확인

1. 숲
   - ☐ forest
   - ☐ branch
2. 까마귀
   - ☐ bird
   - ☐ crow
3. 아주 맛있는
   - ☐ delighted
   - ☐ delicious
4. 간식
   - ☐ treat
   - ☐ voice
5. 움켜잡다
   - ☐ bet
   - ☐ grab
6. 게걸스럽게 먹다
   - ☐ gobble
   - ☐ open

주제 토론

1. **The crow lost her cheese because she opened her mouth. Have you ever lost something because you were not careful? What happened?**

   까마귀는 입을 열었기 때문에 자신의 치즈를 떨어뜨렸습니다. 조심을 하지 않아서 무언가를 잃어버린 적이 있나요? 무슨 일이 있었나요?

2. **The fox tricked the crow by using kind words. Has there been a time when someone tried to trick you? How did you respond?**

   여우는 친절한 말을 사용해서 까마귀를 속였습니다. 누군가가 여러분을 속이려고 했던 적이 있었나요? 어떻게 반응했나요?

3. **The fox in the fable was clever. Do you know someone in real life or in a story who is like the fox?**

   우화 속의 여우는 영리했습니다. 현실에서나 혹은 이야기 속에서 이 여우와 비슷한 사람을 알고 있나요?

4. **Should you always trust the people who say too many kind words? Why or why not?**

   친절한 말을 지나치게 많이 하는 사람들을 항상 믿어야 할까요? 믿거나 믿지 않겠다면 그 이유는 무엇인가요?

5. **The crow was not clever enough to understand the fox's plan. Do you think it is important to understand everything before you act on it? Why do you think so?**

   까마귀는 여우의 계획을 이해할 만큼 영리하지 않았습니다. 무언가를 행동으로 옮기기 전에 모든 것을 이해하는 것이 중요하다고 생각하나요? 왜 그렇게 생각하나요?

Who Will Bell the Cat

누가 고양이에게 방울을 달까

단어 확인

bell 방울을 달다, 방울	together 함께, 같이	problem 문제	idea 발상, 계획
nearby 가까운 곳에	slow 느린	none 아무도 (…없다)	actually 실제로

Who Will Bell the Cat

Once there were some mice
that lived together in a house.
A cat lived there too,
and she loved eating the mice.
So many mice were getting eaten every day.

Finally, the mice talked about the problem.
"We must do something about the cat," they said.

An old mouse thought for a while
and said, "I have an idea!
We should put a bell on the cat so we can hear her.
Then we can run away when she is nearby."
"Yes, that is a very good idea," the other mice said.
"We should do that!"

"But who will put the bell
on the cat?" asked the old mouse.
"I am very old and slow, so I cannot do it."
Other mice also said
they were too old, too slow, or too small.

None of the mice would do the job.
So, the cat never got a bell.
She kept eating the mice until they were all gone.

Moral It is easier to talk about something than actually do it.

Who Will Bell the Cat

Once / there were some **mice** / that **lived** to**ge**ther / in a **house**.
A **cat** / **lived** there **too**, / and she **loved** / eating the **mice**.
So **many** mice / were **get**ting **eat**en / every **day**.

Finally, / the **mice** / **talk**ed about the **pro**blem.
"We **must do** something / about the **cat**," / they said.
An **old mouse** / **thought** for a **while** / and **said**, /
"I **have** an i**dea**. / We should **put** a **bell** / on the **cat** / so we can **hear** her.
Then / we can run a**way** / when she is near**by**."
"**Yes**, / **that** is a **very** good i**dea**," / the **other** mice **said**.
"We should **do** that."
But / who will **put** the **bell** / on the **cat**?" / **ask**ed the **old mouse**.
"I am **very old** and **slow**, / so **I** can**not** do it."
Other mice **also** said / they were too **old**, / too **slow**, / or too **small**.

None of the **mice** / would **do** the **job**.
So, / the **cat** / **never** got a **bell**.
She **kept eat**ing the **mice** / until they were **all gone**.

Moral It is **eas**ier to **talk** about something / than **ac**tually **do** it.

누가 고양이에게 방울을 달까

옛날에 한 집에서 같이 사는 몇몇 쥐들이 있었습니다. 고양이 한 마리도 그곳에 살았는데, 고양이는 쥐들을 잡아먹는 것을 좋아했습니다. 그래서 매일 많은 쥐들이 잡아먹혔습니다.

마침내, 쥐들은 그 문제에 대해 이야기를 나누었습니다.
"우리는 고양이에 대해서 무언가를 해야 해." 쥐들이 말했어요.
나이가 많은 쥐 한 마리가 잠시 생각하더니 말했습니다. "내게 생각이 있네. 우리가 고양이 소리를 들을 수 있도록 고양이에게 방울을 달아야 해. 그러면 고양이가 가까운 곳에 있을 때 우리가 도망갈 수 있어."
"맞아요, 그건 아주 좋은 생각이에요." 다른 쥐들이 말했어요.
"우리는 그렇게 해야 돼요."
"하지만 누가 고양이에게 방울을 달 거지?" 나이 많은 쥐가 물었어요. "나는 아주 늙은 데다가 느려, 그러니까 나는 그 일을 할 수가 없어."
다른 쥐들 또한 자신들이 너무 늙었고, 너무 느리고, 혹은 너무 작다고 말했습니다.

어느 쥐도 그 일을 하려고 하지 않았어요.
그래서, 고양이는 영영 방울을 달지 않았습니다. 고양이는 쥐들이 모두 사라질 때까지 계속해서 잡아먹었습니다.

교훈 어떤 일에 대해 말하는 것이 실제로 그것을 하는 것보다 더 쉽다.

주요 단어 확인

1. 함께, 같이
   - finally
   - together

2. 문제
   - house
   - problem

3. 방울을 달다, 방울
   - bell
   - ask

4. 가까운 곳에
   - nearby
   - too

5. 발상, 계획
   - idea
   - job

6. 아무도 (…없다)
   - never
   - none

주제 토론

1. **In this fable, the old mouse seems wise. Do you have someone in your life who gives wise advice? If so, share a piece of advice they gave you.**

   이 우화에서, 나이 많은 쥐는 현명한 것처럼 보입니다. 여러분의 삶에서 현명한 조언을 해 주는 누군가가 있나요? 있다면, 그들이 해 주었던 조언을 이야기해 주세요.

2. **The mice were too scared to do what the old mouse said. Have you ever been too scared to try a good idea? What happened?**

   쥐들은 너무 두려워서 나이 많은 쥐가 말한 것을 할 수 없었습니다. 너무 두려워서 좋은 생각을 실행에 옮기지 못한 적이 있었나요? 무슨 일이 있었나요?

3. **At the end of the fable, all the mice are gone. What would have been a better way to deal with the cat?**

   우화의 마지막에서, 모든 쥐들은 죽었습니다. 고양이에 더 잘 대처할 방법은 무엇이었을까요?

4. **None of the mice were brave enough to bell the cat. Unlike the mice, Has there been a time when you were brave? What did you do, and how did it make you feel?**

   쥐들 중 아무도 고양이에게 방울을 달 만큼 용감하지 않았습니다. 쥐들과는 달리, 용감했던 때가 있었나요? 무엇을 했나요, 그리고 그로 인해 어떤 기분이 들었나요?

5. **What would be a great idea to solve any problem in your life now? How can you be brave to solve it?**

   지금 여러분의 삶에 있는 문제를 해결할 좋은 생각은 무엇일까요? 그 문제를 해결하기 위해 어떻게 용감해질 수 있나요?

The Crow and the Swan

까마귀와 백조

단어 확인

- swan 백조
- wish 바라다
- feather 깃털
- better 더 좋은
- notice 알아차리다
- maybe 아마, 어쩌면
- for a while 잠시 동안
- look for ~을 찾다, 구하다

The Crow and the Swan

A crow and a swan were talking together.
The crow told the swan, “You look so beautiful!
I wish I could have white feathers like you.
They would be better than my black feathers.”

The crow noticed
that the swan was in the water all day.
He thought to himself, “I should go into the water.
Maybe that will make my feathers white.”
He went into the water for a while.
But, when he got out, his feathers were the same.

“Maybe I need to stay in the water all the time. That might make my feathers white,” the crow thought.

The crow stayed in the water, but it was not easy.
He could not fly around to look for food.
In the water, he could only eat fish.
He did not like fish at all.

In the end, he had a very short life,
and his feathers never changed.

Moral Be careful of copying someone because it may not be right for you.

The Crow and the Swan

A **crow** and a **swan** / were **talk**ing to**ge**ther.
The **crow** told the **swan**, / "You **look** so **beau**tiful!
I **wish** I could **have** / **white fea**thers like you.
They would be **bet**ter / than my **black fea**thers."

The **crow no**ticed / that the **swan** / was in the **wa**ter / **all** day.
He **thought** to him**self**, / "I should **go** into the **wa**ter.
Maybe / **that** will **make** my **fea**thers / **white**."
He **went** into the **wa**ter / for a **while**.
But, / when he got **out**, / his **fea**thers / were the **same**.
"**May**be / I **need** to **stay** in the **wa**ter / **all** the **time**.
That / might **make** my **fea**thers **white**," / the **crow** thought.

The **crow** / **stay**ed in the **wa**ter, / but it was **not easy**.
He could **not** fly **around** / to **look** for **food**.
In the **wa**ter, / he could **only** eat **fish**.
He did **not like** fish / at **all**.
In the **end**, / he **had** a **very** short **life**, / and his **fea**thers / **ne**ver **chan**ged.

Moral Be **care**ful of **co**pying someone / be**cause** it may **not** be **right** / for you.

까마귀와 백조

까마귀 한 마리와 백조 한 마리가 함께 이야기하고 있었습니다. 까마귀가 백조에게 말했습니다. "너는 정말 아름다워! 나도 너처럼 하얀 깃털을 가질 수 있으면 좋겠어. 그것들은 내 검은 깃털보다 더 좋을 거야."

까마귀는 백조가 온종일 물 안에 있다는 것을 알아차렸습니다. 까마귀는 혼자 생각했습니다. "나도 물 안에 들어가야겠어. 그러면 아마 내 깃털도 하얗게 될 거야." 까마귀는 한동안 물 안에 들어가 있었습니다. 하지만, 까마귀가 나왔을 때, 까마귀의 깃털은 그대로였어요.
"어쩌면 나는 항상 물 안에 있어야 하나 봐. 그러면 내 깃털이 하얗게 될지도 몰라." 까마귀는 생각했습니다.

까마귀는 물 안에 머물렀지만, 그것은 쉽지 않았습니다. 까마귀는 먹이를 찾아서 날아다닐 수가 없었어요. 물 안에서는, 물고기만 먹을 수 있었습니다. 까마귀는 물고기를 전혀 좋아하지 않았어요.
결국, 까마귀는 아주 짧은 생을 살았고, 까마귀의 깃털은 전혀 변하지 않았습니다.

교훈 당신에게 맞지 않을 수도 있으니 누군가를 흉내 내는 것을 조심하라.

주요 단어 확인

1. 깃털
   - ☐ swan
   - ☐ feather

2. 아마, 어쩌면
   - ☐ maybe
   - ☐ at all

3. 알아차리다
   - ☐ think
   - ☐ notice

4. 더 좋은
   - ☐ better
   - ☐ easy

5. 잠시 동안
   - ☐ all the time
   - ☐ for a while

6. ~을 찾다, 구하다
   - ☐ go out
   - ☐ look for

주제 토론

1. **The crow thought that the swan was beautiful because it was white. What are the things that make you beautiful?**

   까마귀는 백조가 하얗기 때문에 아름답다고 생각했습니다. 여러분을 아름답게 만드는 것들은 무엇인가요?

2. **The crow wanted to change his feathers. Have you ever wished to change something about yourself?**

   까마귀는 자신의 깃털을 바꾸고 싶었습니다. 여러분은 자신에 대한 무언가를 바꾸고 싶었던 적이 있었나요?

3. **The crow stayed in the water to be like the swan. Has there been a time when you tried to be like someone else? How did you feel?**

   까마귀는 백조처럼 되기 위해 물 안에 머물렀습니다. 다른 누군가처럼 되기 위해 애썼던 때가 있었나요? 기분이 어땠나요?

4. **If you were the crow, would you have stayed in the water all the time to be like the swan? Why or why not?**

   만약 여러분이 까마귀라면, 백조처럼 되기 위해 언제나 물 안에 있었을까요? 그렇거나 그렇지 않다면 그 이유는 무엇인가요?

5. **The crow had a short life because he wanted to change too many things. What can you learn from this?**

   까마귀는 너무 많은 것들을 바꾸고 싶어 했기 때문에 짧은 생을 살았습니다. 이 이야기로부터 무엇을 배울 수 있나요?

The Wolf and the Lamb

늑대와 새끼 양

단어 확인

lamb 새끼 양	field 들판	excuse 구실, 핑계	lie 거짓말
true 사실인	born 태어나다	steal 훔치다	remember 기억하다

The Wolf and the Lamb

Once there was a wolf
who was walking through a field of grass.
He saw a little white lamb and wanted to eat her.

He thought,
"I should have a good excuse for killing the lamb.
That way, people will not think that I am bad."

The wolf said to the lamb,
"You told many lies about me last year."
"That cannot be true," said the lamb.
"I was born this year."

"Well," the wolf said, "you stole my food
and ate it."
"I am just a little baby," said the lamb.
"I do not eat food. I can only drink."

"Ah, now I remember!" said the wolf.
"You drank all of my water."
"I only drink milk from my mother,"
the lamb said.

“Forget it,” said the wolf.

“I am hungry, and you look delicious.”

Then the wolf grabbed the lamb and had his dinner.

Moral If people want to do a bad thing, they will make excuses for it.

The Wolf and the Lamb

Once / there was a **wolf** / who was **walk**ing / through a **field** of **grass**.
He **saw** a **little** white **lamb** / and **want**ed to **eat** her.
He **thought**, / "I should **have** a **good** ex**cuse** / for **kill**ing the **lamb**.
That way, / **peo**ple will **not think** / that I am **bad**."

The **wolf** / said to the **lamb**, / "You **told** many **lies** about me / **last** year."
"That can**not** be **true**," / said the **lamb**. / "I was **born this** year."
"**Well**," / the **wolf** said, / "you **stole** my **food** / and **ate** it."
"I am **just** a **lit**tle **ba**by," / said the **lamb**.
"I do **not** eat **food**. / I can **only drink**."
"Ah, **now** I re**mem**ber!" / said the **wolf**.
"You **drank** / **all** of my **wa**ter."
"I **only** drink **milk** / from my **mo**ther," / the **lamb** said.
"For**get** it," / **said** the **wolf**. / "I am **hun**gry, / and you **look** / de**li**cious."
Then / the **wolf** / **grab**bed the **lamb** / and **had** his **din**ner.

Moral If **peo**ple / **want** to do a **bad** thing, / they will **make** ex**cu**ses / for it.

늑대와 새끼 양

먼 옛날에 잔디밭을 가로질러 걷고 있는 늑대 한 마리가 있었습니다. 늑대는 작고 하얀 새끼 양을 보았고 그 양을 잡아먹고 싶었습니다. 늑대는 생각했습니다. "나는 새끼 양을 죽여야 할 좋은 핑계가 있어야 해. 그래야, 사람들이 내가 나쁘다고 생각하지 않을 거야."

늑대는 새끼 양에게 말을 걸었습니다. "너는 작년에 나에 대해서 거짓말을 많이 했더구나."
"그건 사실일 리가 없어요." 새끼 양이 말했어요. "저는 올해 태어났거든요."
"음." 늑대가 말했습니다. "너는 내 음식을 훔쳐서 먹었어."
"저는 단지 작은 아기예요." 새끼 양이 대답했어요. "저는 음식을 먹지 않아요. 저는 마실 수만 있어요."
"아, 이제 기억났다!" 늑대가 말했습니다. "너는 내 물을 다 마셨어."
"저는 저희 엄마한테서 나오는 우유만 마셔요." 새끼 양이 대답했어요.
"신경 쓰지 마라." 늑대가 말했습니다. "나는 배가 고파, 그리고 너는 맛있어 보이는구나."
그런 다음 늑대는 새끼 양을 붙잡고 자신의 저녁을 먹었습니다.

교훈 만약 사람들이 나쁜 짓이 하고 싶다면, 그들은 그것을 할 핑계를 만들어 낼 것이다.

주요 단어 확인

1. 새끼 양
   - ☐ wolf
   - ☐ lamb
2. 구실, 핑계
   - ☐ excuse
   - ☐ field
3. 훔치다
   - ☐ drink
   - ☐ steal
4. 기억하다
   - ☐ remember
   - ☐ forget
5. 사실인
   - ☐ little
   - ☐ true
6. 거짓말
   - ☐ lie
   - ☐ grass

주제 토론

1. **Like the wolf, sometimes we want something so much. Have you ever wanted something so much that you could not wait? How did it make you feel?**

늑대처럼, 때때로 우리는 무언가를 아주 많이 원합니다. 어떤 것을 너무 많이 원해서 기다리기 힘들었던 적이 있었나요? 그럴 때 기분이 어땠나요?

2. **The wolf tried to find the reasons to eat the lamb. Have you ever made up reasons for something you wanted? What kind of reasons did you give?**

늑대는 새끼 양을 잡아먹을 이유들을 찾으려고 했습니다. 여러분이 원하는 무언가를 갖기 위해 이유를 지어 낸 적이 있었나요? 어떤 종류의 이유들을 제시했나요?

3. **Even though the lamb was innocent, the wolf did not believe her. Has there been a time when you told the truth to someone, but they did not believe you? How did you deal with the situation?**

비록 양은 아무 잘못이 없었지만, 늑대는 양을 믿지 않았습니다. 여러분이 누군가에게 진실을 말했지만, 그들이 여러분을 믿지 않았던 적이 있었나요? 그 상황에 어떻게 대처했나요?

4. **The wolf continued to say he was right when he was actually not. How did you feel about the wolf?**

사실 그렇지 않았지만 늑대는 계속해서 자신이 옳다고 말했습니다. 여러분은 늑대에 대해 어떻게 느꼈나요?

5. **At the end of the fable, the wolf ate the lamb. Has there been a time when things did not go as you hoped? How did you deal with it?**

우화의 마지막에서, 늑대는 양을 잡아먹었습니다. 여러분이 바라는 대로 일이 풀리지 않았던 적이 있었나요? 그 상황을 어떻게 해결했나요?

The Lion and the Rabbit

사자와 토끼

단어 확인

- catch 잡다, 붙잡다
- bite 한 입
- deer 사슴
- waste 낭비하다
- chase 뒤쫓다, 추적하다
- give up 포기하다
- instead 대신에
- greedy 욕심 많은

The Lion and the Rabbit

There once was a lion who saw a rabbit.
He caught the rabbit and was ready to eat her.
Before he could take a bite, he saw a deer.

“That deer is very big,” the lion said.
“It will be a much better dinner for me.
I should not waste my time with this rabbit.”
So, the lion let go of the rabbit.

He chased the deer, but the deer was very fast.
The lion could not catch the deer, so he gave up.
"I will never catch that deer," said the lion.
"I will eat the rabbit instead."
The lion went back to the place
where he caught the rabbit.

But the rabbit was not there.
She had run far away as soon as she was free.
"I should have eaten the rabbit right away,"
said the lion.
"I was greedy, so now I cannot eat at all."

Moral You should try to be happy with the things you have.

The Lion and the Rabbit

There **once** was a **lion** / who **saw** a **rab**bit.
He **caught** the **rab**bit / and was **rea**dy to **eat** her.
Be**fore** he could **take** a **bite**, / he **saw** a **deer**.
"**That** deer is **very big**," / the **lion** said.
"It will be a **much** better **din**ner / for me.
I should **not** waste my **time** / with this **rab**bit."

So, / the **lion** let **go** / of the **rab**bit.
He **cha**sed the **deer**, / but the **deer** / was **very fast**.
The **lion** / could **not catch** the **deer**, / so he gave **up**.
"I will **never catch** that **deer**," / said the **lion**.
"I will **eat** the **rab**bit / in**stead**."

The **lion** / went **back** to the **place** / where he **caught** the **rab**bit.
But the **rab**bit / was **not** there.
She had **run far** a**way** / as **soon** as she was **free**.
"I should have **eat**en the **rab**bit / **right** away," / said the **lion**.
"I was **gree**dy, / so **now** / I can**not eat** at **all**."

Moral You should **try** to be **hap**py / with the **things** / you **have**.

사자와 토끼

옛날 옛적에 토끼 한 마리를 본 사자가 있었습니다.
사자는 토끼를 잡았고 토끼를 먹을 준비가 되었습니다. 한 입을 베어 물기 전에, 사자는 사슴 한 마리를 보았어요.
"저 사슴은 아주 큰 걸." 사자가 말했어요. "저것이 나에게 훨씬 더 좋은 저녁거리가 되겠군. 이 토끼로 내 시간을 낭비하지 말아야겠어."

그래서, 사자는 토끼를 놓아주었습니다.
사자는 사슴을 쫓았지만, 사슴은 아주 빨랐습니다.
사자는 사슴을 잡을 수 없었고, 그래서 포기했습니다.
"나는 저 사슴을 절대로 잡을 수 없을 거야." 사자가 말했어요.
"나는 대신 토끼를 먹어야겠어."

사자는 자신이 토끼를 잡았던 장소로 돌아갔습니다. 하지만 토끼는 그곳에 없었습니다.
토끼는 풀려나자마자 아주 멀리 달아난 것이었어요.
"나는 토끼를 바로 먹어 버렸어야 했어." 사자가 말했습니다.
"내가 욕심을 부렸어, 그래서 나는 이제 아무것도 먹을 수가 없어."

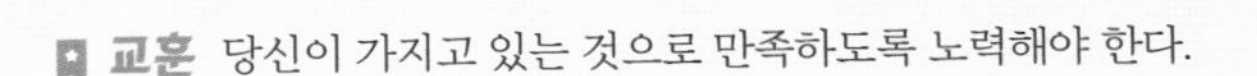

교훈 당신이 가지고 있는 것으로 만족하도록 노력해야 한다.

주요 단어 확인

1. 포기하다
   - ☐ give up
   - ☐ go back
2. 한 입
   - ☐ deer
   - ☐ bite
3. 낭비하다
   - ☐ steal
   - ☐ waste
4. 뒤쫓다, 추적하다
   - ☐ catch
   - ☐ chase
5. 대신에
   - ☐ instead
   - ☐ there
6. 욕심 많은
   - ☐ greedy
   - ☐ free

주제 토론

1. **The lion let the rabbit go because he wanted to chase the deer. Have you ever given up something good for something better? Why did you do that?**

   사자는 사슴을 쫓고 싶었기 때문에 토끼를 놓아주었습니다. 더 좋은 무언가를 위해 좋은 것을 포기했던 적이 있었나요? 왜 그렇게 했나요?

2. **The lion regretted for not eating the rabbit right away. Has there been a time when you regretted because you did not do something immediately? What did you learn from that?**

   사자는 토끼를 바로 잡아먹지 않은 것을 후회했습니다. 어떤 것을 즉시 하지 않았기 때문에 후회했던 적이 있었나요? 그 사건을 통해 무엇을 배웠나요?

3. **Because the lion was greedy, he lost his meal. Has there been a moment when you were greedy? What happened because of your greed?**

   사자는 욕심을 부렸기 때문에, 자신의 먹이를 놓쳐 버렸습니다. 욕심을 부렸던 적이 있었나요? 여러분의 욕심 때문에 무슨 일이 일어났나요?

4. **If you were the lion, would you have let go of the rabbit and chased the deer? Or would you have eaten the rabbit only? Why?**

   만약 여러분이 사자였다면, 토끼를 놓아주고 사슴을 쫓았을까요? 아니면 그냥 토끼만 먹었을까요? 그 이유는 무엇인가요?

5. **If you could talk to the lion, what advice would you give him to help him avoid making the same mistake again?**

   만약 여러분이 사자와 대화할 수 있다면, 그가 같은 실수를 다시 하지 않도록 어떤 충고를 해 줄 건가요?